Dieses **Buch** gehört:

_____

Claudia Dzengel

Kalligrafie
und
kreatives Schreiben
für Kinder

 NILPFERD

Cover: Freie
Kalligrafie,
Gouache auf
Papier
2012,
23 x 18 cm

li: Freie
Kalligrafie,
Tusche auf
Papier
1996,
70 x 50 cm

Inhalt

li: Geometrische
Kalligrafie
Bleistift,
Fineliner,
Calligraphy-Pen
2012,
30 x 21 cm

Uns macht
Schreiben Spaß!

Ab und zu müssen wir für die Schule etwas am Computer schreiben. Aber am liebsten schreiben wir mit Federn und Tusche, Pinsel und Beize und vielen anderen Werkzeugen auf Papier.

Unsere Mutter, Claudia, ist Designerin und Kalligrafin und hat uns verschiedene Arten von Schriften gezeigt. Zwei davon, die *Linear Antiqua* und die *Humanistische Kursive*, möchten wir euch später vorstellen. Es gibt aber auch viele Schriftbilder in diesem Buch, wo keine Buchstaben zu erkennen sind.

Hallo, wir sind Ida und Enno. Wir sind 10 und 12 Jahre alt und möchten euch in diesem Buch gerne etwas über Kalligrafie und Schrift erzählen. Denn uns macht Schreiben richtig Spaß!

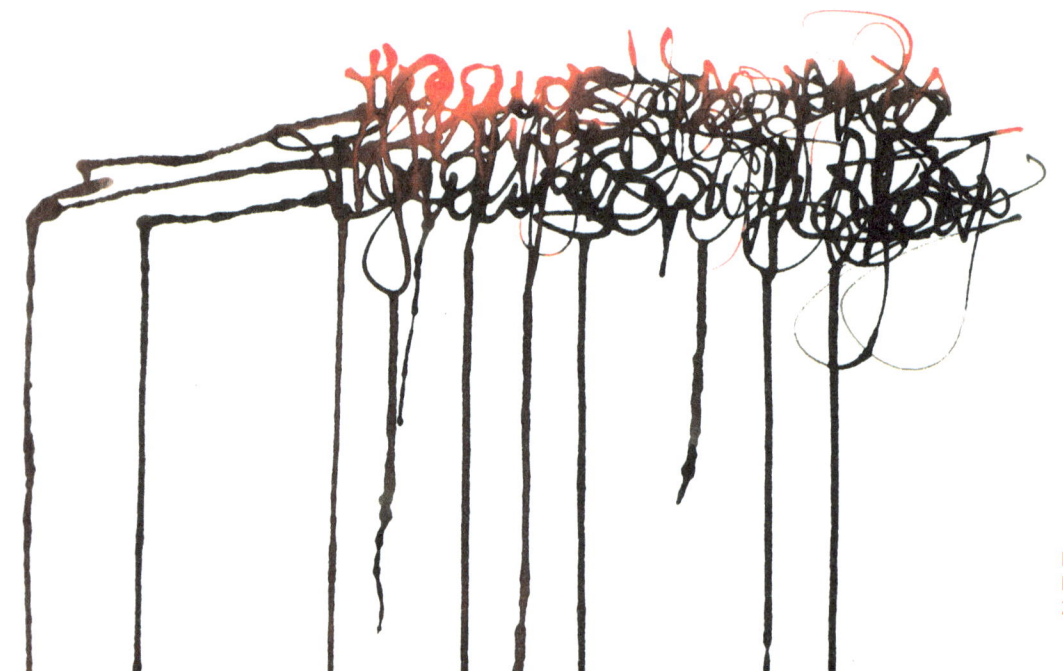

Freie Kalligrafie
Beize auf Vorsatzpapier
2012, 30 x 42 cm

Kalligrafie-
Arbeitsplatz

© Rainer Berson, 2013

Die meisten abgebildeten Kalligrafie-Arbeiten sind von Claudia, aber von uns gibt es ebenfalls einige Beiträge.

Auch wenn Kalligrafie die *Kunst des Schönschreibens mit der Hand* bedeutet (das Wort kommt aus dem Griechischen und setzt sich aus *kallos* = *schön* und *graphein* = *schreiben* zusammen), schreiben wir oft überhaupt nicht schön, sondern wild und ganz frei.

Über die Schrift lassen sich Stimmungen und Gefühle ausdrücken, die Bilder können laut oder leise, schnell oder langsam, sanft oder kraftvoll aussehen. Die Handschrift spiegelt aber nicht nur unsere momentane Stimmung wider, sie zeigt auch etwas ganz Persönliches von uns, das es kein zweites Mal gibt.

Wir möchten euch in diesem Buch ein paar unserer Lieblingsübungen zeigen, weil wir glauben, dass viele Kinder, neben dem Schreiben am Computer, gerne selber mit der Hand schreiben und es ihnen gefällt, mit ihrer Handschrift zu experimentieren.

Außerdem gibt es Infos zur Geschichte der Schrift und zu den Werkzeugen, die wir benutzen. Am Ende zeigen wir euch, wie ihr selber, schnell und einfach, ein Mini-Book basteln könnt.

Zum Üben gibt es ein Übungsheft als Beilage und zwei Schablonen. Wenn möglich, schreibt aber auch auf extra Blättern (A4, A3 oder größer) und lasst eurer Phantasie dabei freien Lauf!

Mit den 20 Übungen möchten wir euch gerne zeigen, wie ihr aus der Verbindung von traditionellen Formen und euren eigenen kreativen Ausdrucksmöglichkeiten *lebendige Schriftbilder* gestalten könnt.

Viel Spaß dabei!

Enno
Tinte, Filzstift auf Papier
2012, 15 x 21 cm

9

Wir erforschen
die Geheimnisse der Schrift

In so einem Feld findest du immer die Schreibübungen aus dem Übungsheft!

Ü1 **Wie hätte dein Name vor 5000 Jahren ausgesehen?**

Schreibe deinen Namen in die Kartusche. Du kannst zwischen Hieroglyphen oder Hieratischen Schriftzeichen wählen.

Wusstet ihr, dass vor ungefähr 5000 Jahren an verschiedenen Orten der Welt die ersten Schriften entstanden sind? In Ägypten wurden die Hieroglyphen erfunden, in Mesopotamien (dem heutigen Irak) die Keilschrift und in Südosteuropa entwickelten sich Zeichen, die einer Schrift sehr ähnlich waren, die sogenannten Vinča-Symbole. Experten nehmen an, dass die Vinča-Zeichen eine Art Botschaft enthielten, aber noch keine Sprache abbildeten, so wie es bei den Hieroglyphen oder der Keilschrift der Fall war.

Die Vorstufe zu den Bildschriften waren Felszeichnungen und Höhlenmalereien aus der jüngeren Altsteinzeit.

Hieroglyphen (ca. 3500 v. Chr.)

Für die Ägypter waren die Hieroglyphen die sogenannten »heiligen Schriftzeichen«. Sie wurden bis ca. 300 n. Chr. verwendet. Danach gerieten sie für viele Jahrhunderte in Vergessenheit und niemand wusste mehr, was sie bedeuteten. Erst durch die Entzifferung des *Steins von Rosette*, im Jahr 1822 durch den Franzosen Jean-François Champollion, wissen wir, was die alten Ägypter in ihre Tempel und Gräber geschrieben, gemalt oder gemeißelt haben. Denn auf diesem Stein war dreimal der gleiche Text abgebildet:

In Hieroglyphen, in griechischer Schrift und in Demotisch (dies war für viele Jahrhunderte die Gebrauchsschrift der Ägypter). Anhand der griechischen und der demotischen Schrift konnten die Hieroglyphen entziffert werden.

Es gab im alten Ägypten aber noch eine weitere Schrift: Um schneller schreiben zu können, verwendeten die Schreiber neben den Hieroglyphen die *Hieratische Schrift*, eine Art Schreibschrift für den alltäglichen Gebrauch in der Verwaltung, der Literatur, für religiöse Texte und Notizen. Sie bestand aus dem gleichen Zeichensatz wie die Hieroglyphen und wurde mit einer Binse auf Papyrus geschrieben. Weil die Hieratischen Zeichen jedoch schnell geschrieben wurden, flossen sie teilweise ineinander und es kam im Laufe der Zeit zu einer Verfremdung der ursprünglichen Hieroglyphen-Bilder (siehe rechts oben).

Da heute niemand genau weiß, wie die einzelnen Hieroglyphen und Hieratischen Schriftzeichen ausgesprochen wurden,

A	B	C	D	E	F	G	H
I	J	K	L	M	N	O	P
Q	R	S	T	U, V, W	X	Y	Z

Hieratische
Schriftzeichen

haben sich verschiedene Schreibweisen verbreitet. Der Museumspädagogische Dienst des Roemer-Pelizaeus-Museums in Hildesheim hat zum Schreiben für Kinder das folgende Hieroglyphen-Alphabet entwickelt:

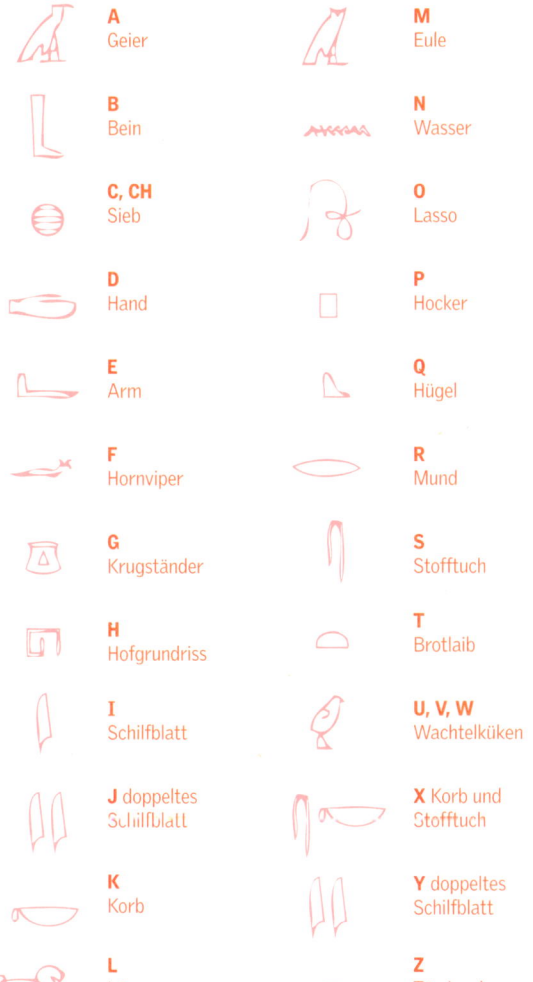

A Geier

B Bein

C, CH Sieb

D Hand

E Arm

F Hornviper

G Krugständer

H Hofgrundriss

I Schilfblatt

J doppeltes Schilfblatt

K Korb

L Löwe

M Eule

N Wasser

O Lasso

P Hocker

Q Hügel

R Mund

S Stofftuch

T Brotlaib

U, V, W Wachtelküken

X Korb und Stofftuch

Y doppeltes Schilfblatt

Z Türriegel

Keilschrift (ca. 3000 v. Chr.)

Anfangs sah die Keilschrift weder nach Keilen noch nach Schrift aus, sondern eher nach Bildern, wie z. B. einem Stern, Bergen, Wasser oder einem Fisch. Bei dieser vereinfachten bildhaften Darstellung, auch Piktogramm genannt, stand der Stern zum Beispiel für »Stern«, »Gott« und »Himmel«.

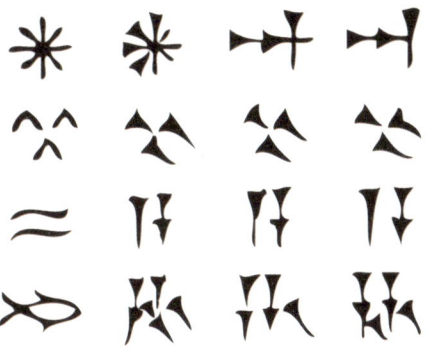

Entwicklung
der Keilschrift
vom Bild zur
Silbenschrift

Später entwickelte sich die Keilschrift weiter zu einer Silbenschrift die nicht mehr viel Ähnlichkeit mit den ursprünglichen Bildern hatte, sondern aus waagerechten, senkrechten und schrägen Strichen bestand. Dann stand beispielsweise der stilisierte Stern auch für »oben«. Aus ursprünglich 1500 Piktogrammen entwickelten sich 600 Zeichen, die regelmäßig verwendet und mit einem Griffel aus Holz oder Schilrohr in den weichen Ton gedrückt wurden. Das eine Ende des Griffels war dreieckig geschnitzt und gab der Schrift das keilförmige Aussehen.

鼠 牛 虎 兔 龍 蛇　馬 羊 猴 雞 狗 豬

Chinesische Schrift (ca. 1900 v. Chr.)

Die Besonderheit der chinesischen Schrift ist, dass sie im Vergleich zu den Hieroglyphen und der Keilschrift als einzige Schrift des Altertums heute noch geschrieben wird. Sie entwickelte sich vor fast 4000 Jahren, als die Chinesen unter anderem auf Knochen oder Schildkrötenpanzern schrieben.

Ca. 100 n. Chr. entwickelten die Chinesen die Kunst des Papierschöpfens. Über Zentralasien und Nordafrika brachten die Araber diese Kunst 1000 Jahre später nach Europa.

Arabische Schrift (ca. 500 n. Chr.)

Die arabische Schrift ist heute eine der am weitesten verbreiteten Schriften der Welt, denn sie ist die heilige Schrift des Islam. Die Verbreitung begann mit der Verkündung der Worte Mohammeds. Da der Koran die bildliche Darstellung Allahs verbietet, kommt der Kalligrafie in dieser religiösen Kultur eine große Bedeutung zu.

Das arabische Alphabet besteht aus 28 Zeichen für Konsonanten. Kurze Vokale werden durch Striche oder Bögen angedeutet. Die Schreibrichtung ist von rechts nach links.

Schriftentwicklung in Europa

Um 1200 v. Chr. entwickelten die Phönizier ein Alphabet, das die Grundlage für viele weitere Alphabete bildete. Das heißt, sie überlegten, aus welchen einzelnen Lauten ihre Wörter zusammengesetzt waren und ordneten jedem dieser Laute ein Zeichen zu. Um Wörter zu schreiben, mussten sie die Zeichen in die richtige Reihenfolge bringen. Am Ende brauchten sie, um sich in ihrer Sprache schriftlich auszudrücken, nur 22 Zeichen, also Buchstaben.

Die Phönizier waren ein umtriebiges Handelsvolk und bereisten zahlreiche Mittelmeerländer. Auf diese Weise gelangte ihr Alphabet nach Griechenland. Die Griechen führten dann die Vokale ein und um 400 n. Chr. entstand das klassische griechische Alphabet mit insgesamt 24 Zeichen. Dieses wurde zum Vorbild des lateinischen Alphabets, welches die Römer entwickelten und das wir heute noch benutzen (siehe auch Seite 35).

Das römische Reich erstreckte sich über weite Teile Europas, weshalb sich das Alphabet über viele Länder verbreitete. Es ist auch heute noch das am meisten benutzte Alphabet auf der Welt.

DIE SEIT VIERZ

EINVNDDREI

BEKANNTE BA

TVSCHE WAR

EINFACHE VO

SEN XVFWAN

BAR · DEN DA

GRVNDSTOFF

WIRER IN D

MERN EINES

ZV FINDEN

BRAVNE OFEN

EINEM BVER

TIG XVS DEM

OFENS GEW

VND DANN 1.

WASSER XVFG

DIE SEIT VIERZ

EINVNDDREI

BEKANNTE BA

TVSCHE WAR

EINFACHE VO

SEN XVFWAN

abcdefghijklmn opqurrßüvwxyz ABCDEFGHIJKL MNOPQuRSTUVW XYZ

ABCDEFGHIJKL MNOPQRSTUVW XYZÄÖÜ abcdefghijklm nopqrstuvwxyz äöü ßß

abcdefghijklmnopqrstuvwxyz

Von den Römern ausgehend entstanden im Laufe der Jahrhunderte viele interessante Schriften, wie z. B. die Rustika oder die Unziale. Diese Schriften wurden nicht mehr nur in Stein gemeißelt, sondern mit einer Rohrfeder auf Pergament geschrieben. Mit der Entwicklung der Unzial-Schriften entstanden ab dem 4. Jh. erstmalig die Kleinbuchstaben (Minuskeln).

Die Blütezeit der Kalligrafie war im Hochmittelalter (11. bis 13. Jh.), als mit der Gründung erster Universitäten ein hoher Bedarf an Buchabschriften bestand. Durch das Aufkommen des Buchdrucks (Mitte 15. Jh.) begann die Kunst, Texte von Hand zu schreiben, zu verschwinden. Erst im 19. und 20. Jh. wurden alte Techniken wieder rekonstruiert und die Schönschrift einer breiteren Bevölkerungsschicht zugänglich gemacht. Seit dem 18. Jh. galten Lesen und Schreiben als Gemeingut und im damaligen Preußen wurde die Normschrift eingeführt.

Die älteste österreichische Schulschrift geht auf das Jahr 1775 zurück und wurde unter Kaiserin Maria Theresia veranlasst. Derzeit gibt es in Österreich zwei Vorlagen der *Österreichischen Schulschrift* (1969, 1995).

In Deutschland kann je nach Bundesland zwischen der *Lateinischen Ausgangsschrift* (1953), der *Vereinfachten Ausgangsschrift* (1972) und der *Schulausgangsschrift* der ehemaligen DDR (1968) gewählt werden. Seit 2011 gibt es zudem die *Grundschrift*. Dabei handelt es sich nicht um eine Schreibschrift, sondern um Formen, die an die Druckschrift angelehnt sind. Sowohl in Österreich als auch in Deutschland wird fast überall zuerst die Druckschrift und dann die Schreibschrift bzw. Ausgangsschrift gelehrt.

Wir erforschen die Geheimnisse der Schrift

Ü2 **Schreibe folgenden Satz mit deiner Schreibschrift:**

the quick brown fox jumps over the lazy dog

Dieser Satz enthält alle Buchstaben des Alphabets und wird deshalb oft von KalligrafInnen geschrieben.

Ü3 **Bitte deine Eltern, Großeltern, Freunde … mit ihrer gelernten Schreibschrift den Satz zu schreiben.**

13

Tipp:
Neue Metallfedern vor dem ersten Schreiben immer kurz erhitzen, um sie von einer Fettschicht zu befreien!

Unsere
Schreibwerkzeuge

Wie du hier siehst, gibt es eine Fülle von unterschiedlichen Schreibwerkzeugen und jedes hat seine spezifische Schreibeigenschaft. Durch das Kombinieren verschiedener Schreibutensilien kannst du spannende und vielfältige Kontraste erzielen. Wir möchten dir gern einige ganz übliche Werkzeuge vorstellen, ebenso wie etwas außergewöhnlichere, die du vielleicht noch nicht kennst.

Was du sicher zu Hause hast, sind Bleistift, Filzstift und Fineliner. Damit lassen sich bereits eine Menge an Schreibübungen umsetzen. Etwas ausgefallener, aufgrund der unterschiedlichen Strichbreite, sind der Zimmermannsbleistift oder der Calligraphy-Pen mit ihrer waagerechten Schreibkante. Den Calligraphy-Pen erhältst du in speziellen Papier- und Schreibwarenläden, den Zimmermannsbleistift im Baumarkt. Dort bekommst du auch die Bambusrohre, um dir selber eine Rohrfeder zu schnitzen. Die Anleitung findest du auf der nebenstehenden Seite.

Ebenfalls eine waagerechte Schreibkante haben die Bandzugfeder und der Automatic Pen. Dies sind Metallfedern, die mit Tinte oder Tusche benutzt werden. Zum Schreiben mit Metallfedern verwenden wir auch gerne Holz-Beizen. Diese gibt es in Baumärkten als Granulat, sie lassen sich leicht anfertigen. Für ganz breite Striche und große Formen schreiben wir mit Pappstreifen oder Balsahölzern, die wir uns in gewünschter Breite zuschneiden. Pappreste hast du sicher zu Hause. Balsaholz wird für den Modellbau verwendet, ca. 2 mm dicke Platten bekommst du im Bastelgeschäft.

Da die Werkzeugvielfalt so groß ist, haben wir dir für einzelne Übungen eine Werzeug-Auswahl nach Strichcharakteristik zusammengestellt. Je nachdem, ob ein Gleichstrich oder Wechselstrich gewünscht ist.

Gouache
Wasserfarbe

Beize
wasserlösliches Granulat

Tinte
wasserlösliche Schreibflüssigkeit

Tusche
licht- und wasserbeständiger als Tinte, da es mehr Pigmente und Bindemittel enthält

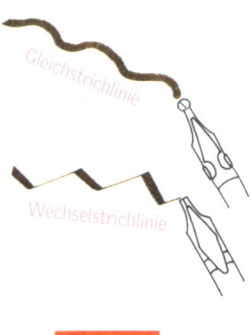

Gleichstrichlinie

Wechselstrichlinie

Bleistift Zimmermannsbleistift Fineliner Filzstift Calligraphy-Pen Rohrfeder Automatic-Pen Bandzugfeder Redisfeder Pappstreifen Balsaholz

Schnitze dir deine eigene Rohrfeder

1. Schneide vom Bambusrohr ein mindestens handlanges Stück ab. Die Zwischenwände (Knoten) sollten sich am Ende des Schaftes befinden.

2. Schnitze an dem offenen Ende das Bambusrohr zu einer ungefähr 4 cm langen Schräge

3. Schnitze von rechts und links gleichmäßig auf eine waagerechte Schreibkante (8 bis 10 mm breit) zu. Diese sollte 1 bis 2 cm lang und die Schreibspitze ungefähr einen halben Millimeter dick sein.

Bei Druck muss die Feder minimal nachgeben!

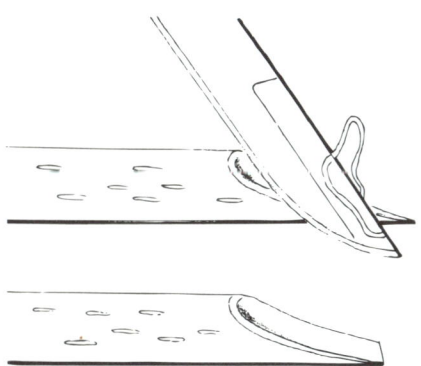

Wichtig:
Die Hand- und Körperhaltung

Halte den Stift oder Federhalter mit dem Daumen, Zeige- und Mittelfinger. Der Ring- und der kleine Finger dienen als Stütze für die Hand. In dieser Haltung bleibt die Hand locker und beweglich. Aber nicht nur die richtige Handhaltung ist wichtig, um entspannt und unverkrampft schreiben zu können, sondern auch die Sitzhaltung. Versuche aufrecht zu sitzen, die Beine nebeneinander im 90°-Winkel zum Rumpf, den Unterarm im 90°-Winkel zum Oberarm.

Rechtshänder können das Heft etwas nach links neigen. Linkshänder sollten das Heft nach rechts neigen, damit die Hand beim Schreiben nicht abgewinkelt werden muss.

Freie Übungen –
mach mit!

Rhythmisches Schreiben
in großen Feldern

Beim rhythmischen Schreiben geht es vor allem um den Duktus der Schrift. Damit ist die charakteristische Art gemeint, in der du schreibst, also eine Kombination aus Strichqualität und Schreib-Rhythmus. Wenn du die nebenstehende Übung ausführst, wirst du merken, dass deine Schriftbilder erst mal alle sehr ähnlich aussehen und dass es schwierig ist, bewusst eine andere Form zu schreiben. Du denkst vielleicht: Das sieht ja immer gleich aus!

Aber dieses immer Gleiche ist der ganz individuelle Charakter deiner Schrift. Du sollst diesen Charakter nicht verändern, aber schau doch mal, welche Bandbreite es gibt und was möglich ist, wenn du bewusst verschiedene Formen ausprobierst.

Rhythmische Kalligrafie
Calligraphy-Pen
2012, 35 x 50 cm

Rhythmische Kalligrafie, Ausschnitt mit Bandzugfeder

Rhythmische Kalligrafie, Ausschnitt mit Calligraphy-Pen

Rhythmische Kalligrafie, Ausschnitt mit angeschliffener Redis-Feder

 Ü4   Schreibe einen Text – ohne Buchstaben

Schreibe in dein Übungsheft in die umrandeten Flächen mit verschiedenen Schreibwerkzeugen einen »Text«, aber versuche dabei, keine Buchstaben zu schreiben!

Schreibe zuerst große Rundungen und Schlaufen. Werde dann immer kleiner und enger, bis du eine Art Gitterstruktur erhältst. Ziehe keine Linien, sondern versuche ganz dicht in die vorherige Zeile hineinzuschreiben.

Verwende für weitere Übungen auf losen Blättern (A4, A3 oder größer) die beiliegende Schablone und zeichne dir mit einem Bleistift Felder aufs Papier, in die du hineinschreibst.

Verändere zum Beispiel die Neigung oder die Höhe der Schriftzeichen.

Die zwei großen Felder der Schablone lassen schwungvolles Schreiben zu. Achte dabei auf einen gleichmäßigen Schreib-Rhythmus!

Bleistift

Filzstift

Zimmermannsbleistift

Fineliner

Calligraphy-Pen

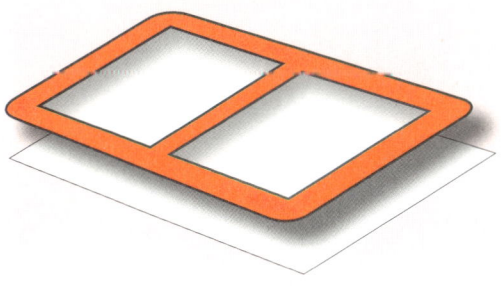

Rhythmisches Schreiben
in kleinen Feldern

Nun wechseln wir zu kleineren Feldern! Diese werden spielerisch, aber nicht zufällig mit Linien beschrieben. Wir probieren verschiedene Formen und Strichstärken aus und gestalten damit die durch Schablonen vorgegebenen Flächen. Aus kalligrafischen Strichen entstehen flächige Schrift-Strukturen aus Linien, wie eine Art Gitter-Gewebe. Manche dieser Strukturen erinnern uns an die Maschen eines Kettenhemdes mittelalterlicher Ritter oder das Wollgeflecht eines grobgestrickten Pullovers. Was siehst du in diesen Bildern?

Rhythmische
Kalligrafie
Calligraphy-Pen,
Fineliner, 2012
35 x 50 cm

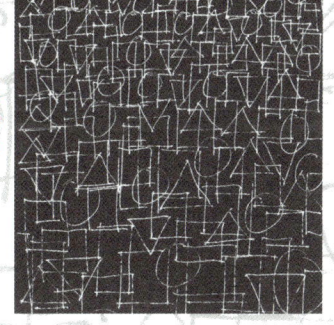
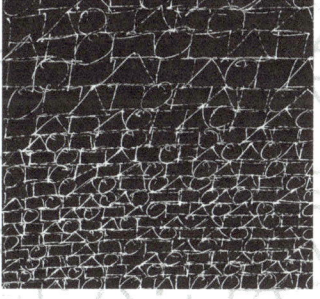

Geometrische Formen,
Aussschnitt
Gel-Stift, weiß
2013, 30 x 40 cm

 Ü5 **Schreibe**
abstrakte Formen
in mehrere kleine Felder

Schreibe bewusst unterschiedliche
Formen mit verschiedenen Werkzeugen.
Verwende für weitere Übungen auf
losen Blättern (A4, A3 oder größer)
die beiliegende Schablone.

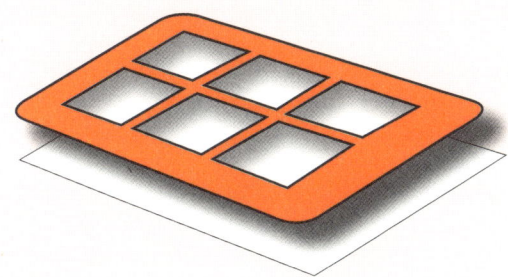

 Ü6 **Schreibe**
geometrische Formen
in mehrere kleine Felder

Schreibe in unterschiedlicher Reihenfolge
und Größe verschiedene geometrische
Zeichen wie Kreise, Dreiecke, Quadrate
und Rechtecke.

Verwende unterschiedliche Werkzeuge
und Strichstärken. Die Erkennbarkeit der
Zeichen steht dabei nicht im Vordergrund,
achte vielmehr auf den rhythmischen
Duktus im Gesamtbild!

Es gibt viele Faktoren, die die Schriftstruk-
tur bestimmen. Zum Beispiel die Verbindung
der Linien, die Schreibgeschwindigkeit, die
Ausgewogenheit zwischen beschriebener
und freier Fläche sowie das Werkzeug, mit
dem du schreibst.

Den größten Farb-Kontrast erhältst du
durch eine Schwarz-Weiß-Kombination.

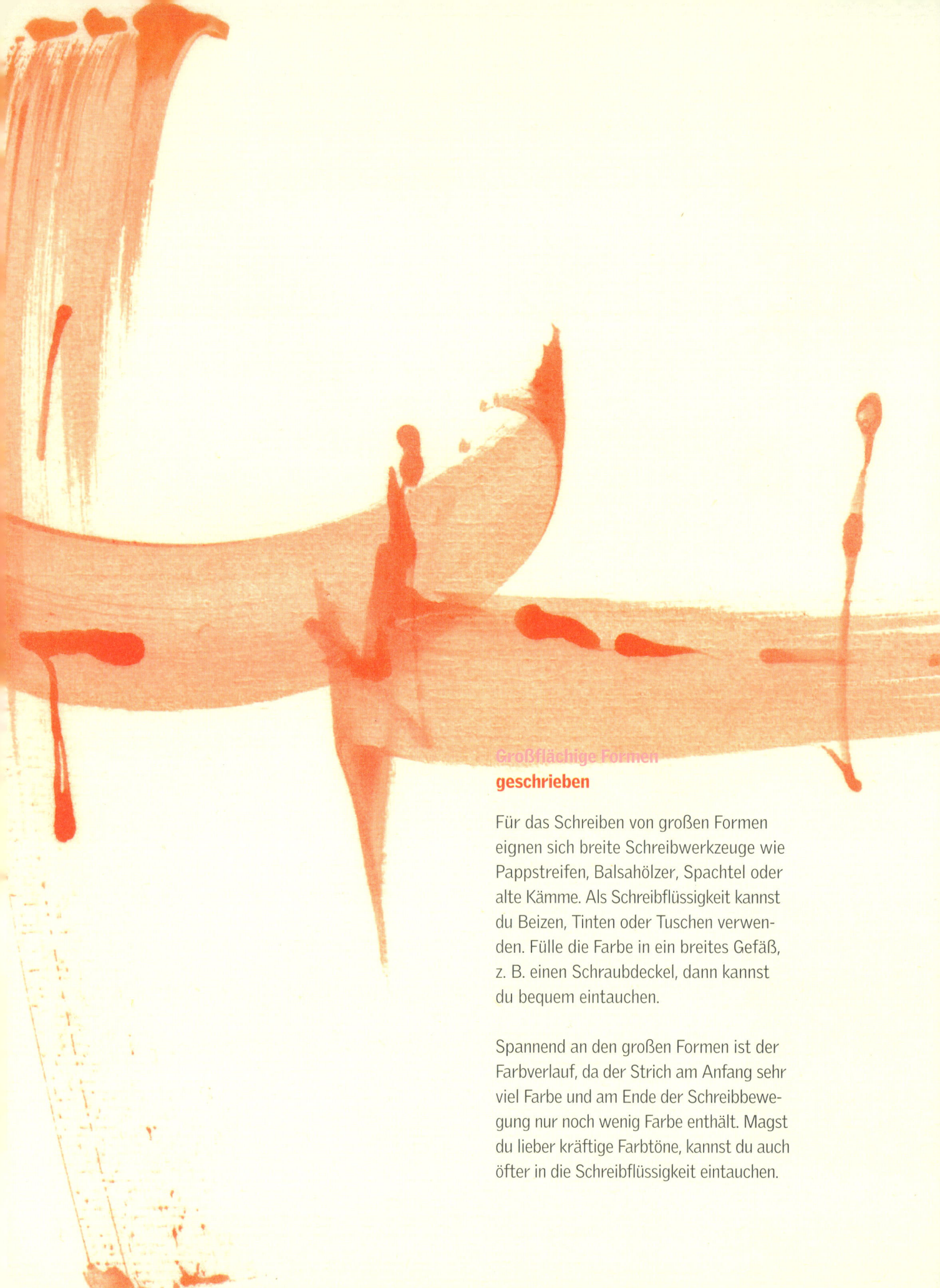

Großflächige Formen
geschrieben

Für das Schreiben von großen Formen
eignen sich breite Schreibwerkzeuge wie
Pappstreifen, Balsahölzer, Spachtel oder
alte Kämme. Als Schreibflüssigkeit kannst
du Beizen, Tinten oder Tuschen verwenden. Fülle die Farbe in ein breites Gefäß,
z. B. einen Schraubdeckel, dann kannst
du bequem eintauchen.

Spannend an den großen Formen ist der
Farbverlauf, da der Strich am Anfang sehr
viel Farbe und am Ende der Schreibbewe-
gung nur noch wenig Farbe enthält. Magst
du lieber kräftige Farbtöne, kannst du auch
öfter in die Schreibflüssigkeit eintauchen.

Schul-Workshop, © Elisabeth Mittmannsgruber, 2013

Pappstreifen

Balsaholz

alter Kamm

Spachtel

li Seite:
Freie Form
Beize, Balsaholz
2012,
23 x 18 cm

re Seite, im
Uhrzeiger:
Freie Form
Beize, Balsaholz
2012,
50 x 35 cm

Freie Form
Gouache,
Balsaholz
2012,
50 x 35 cm

Freie Form,
Ausschnitt,
Beize,
Balsaholz
2013,
30 x 42 cm

Ü7 **Schreibe großflächige Formen**

Nimm ein breites Werkzeug, z. B. Balsaholz oder Pappstreifen (3 bis 5 cm breit),
und schreibe mit spontanen Bewegungen
abstrakte Zeichen und Formen. Vermeide
Buchstaben und schreibe diesmal nicht
eng aneinander, sondern achte auf eine
spannende Blattaufteilung. Versuche es
auch mit geschlossenen Augen!

Großflächige Formen
gezogen und gestupft

Balsaholz-Übungen
Beize auf Papier,
2012,
je 42 x 30 cm

Balsaholz-
Flächen
gezogen
2012, 15 x 21 cm

Balsaholz-
Buchstaben
gestupft
2012, 15 x 21 cm

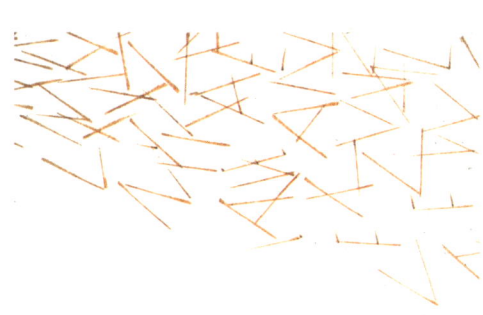

Ü 8   Stupfe und ziehe freie Formen

Nimm ein breites Werkzeug, Balsaholz oder Pappstreifen (3 bis 5 cm breit), halte es fast senkrecht und stupfe mit der schmalen Seite auf das Papier.

Tauche in die Farbe und schaue, wie lange du damit stupfen kannst, bis keine Farbspur mehr zu sehen ist. Es können auch Flächen gezogen werden. Von links nach rechts, von oben nach unten. Auch Buchstaben, ohne Rundungen, lassen sich auf diese Weise stupfen.

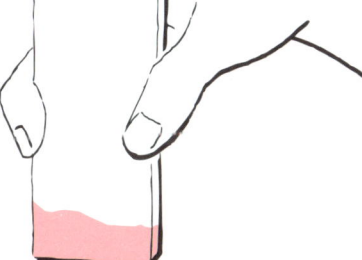

Großflächige Formen und Rhythmische Schriftzeichen

Ida
Freie Kalligrafie,
Beize, Fineliner
2013, 30 x 42 cm

Ü9 Schreibe in die vorgegebenen Felder deine rhythmischen Zeichen

Du hast nun schon Erfahrung mit den rhythmischen Übungen und kannst sie mit großflächigen Formen kombinieren. Für weitere Experimente mit freien Formen eignen sich große Blätter (A3 und größer). Da kannst du mit Schwung schreiben!

Mit den beiliegenden Schablonen kannst du dir selber mit einem Bleistift Rahmen markieren. Für runde Felder verwende einen Zirkel oder Schraubdeckel, z. B. von Gurken- oder Marmeladengläsern. Am Ende radiere den Bleistiftrahmen aus.

Freie Übungen – mach mit!

li Seite:
Freie Kalligrafie
Beize, Calligraphy-Pen
2012, 23 x 17 cm

Freie Kalligrafie
Ausschnitt
Beize, Ziehfeder,
Bleistift
2012, 25 x 35 cm

Kombination
Buchstaben und Schwünge

Nun verraten wir dir, bei welchen Übungen du dich so richtig gut entspannen kannst!

 Ü 10

Rhythmische Schwünge

Du brauchst dafür einen Fineliner oder Filzstift und eine Musik, die dir gefällt. Nach dem Rhythmus der Töne kannst du den Stift über das Papier schwingen lassen!

1. Schreibe zuerst freie Schwünge, so wie oben gezeigt. Die Punkte ergeben sich automatisch durch das Innehalten zwischen den Schwüngen.

Je nach Saugfähigkeit des Papiers und der Stiftstärke sind sie kleiner oder größer.

2. Nun kombiniere diese Schwünge mit bereits beschriebenen Blättern. Setze die Schwünge z. B. zwischen Balsa-Stupfer. Die Filzstift- oder Finelinerlinien ergeben einen guten Kontrast zu der groben Struktur der Balsaholz-Flächen.

Freie Kalligrafie
Beize, Balsaholz,
Bandzugfeder
2013, 21 x 59 cm

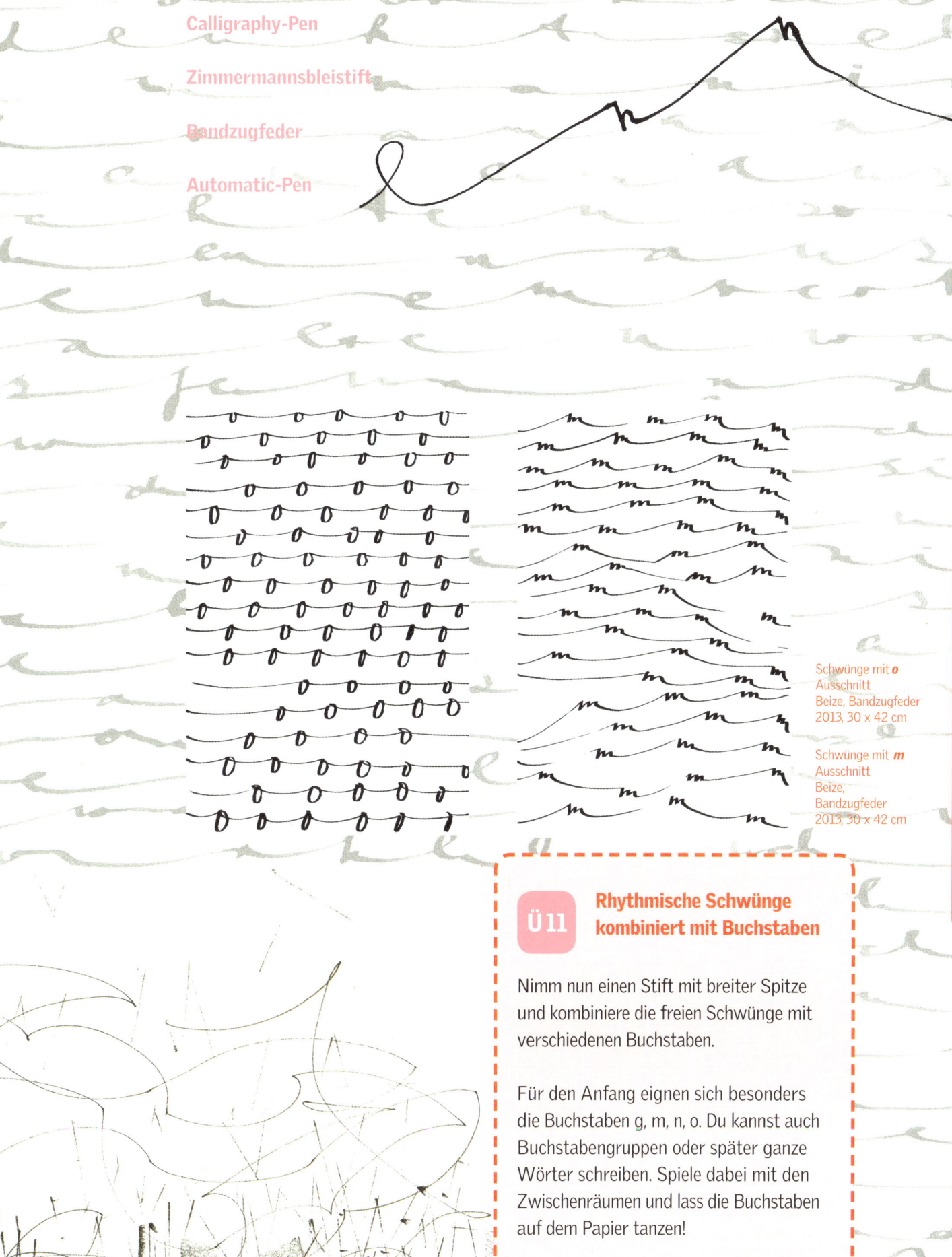

Calligraphy-Pen

Zimmermannsbleistift

Bandzugfeder

Automatic-Pen

Schwünge mit *o*
Ausschnitt
Beize, Bandzugfeder
2013, 30 x 42 cm

Schwünge mit *m*
Ausschnitt
Beize,
Bandzugfeder
2013, 30 x 42 cm

Ü 11 Rhythmische Schwünge kombiniert mit Buchstaben

Nimm nun einen Stift mit breiter Spitze und kombiniere die freien Schwünge mit verschiedenen Buchstaben.

Für den Anfang eignen sich besonders die Buchstaben g, m, n, o. Du kannst auch Buchstabengruppen oder später ganze Wörter schreiben. Spiele dabei mit den Zwischenräumen und lass die Buchstaben auf dem Papier tanzen!

Strich-Übungen

Grundelemente
der Buchstaben

Ü 12 **Schreibe die Grundstriche mit dem Filzstift oder einer Redisfeder (2 mm)**

Achte beim Schreiben der Grundelemente auch auf die Zwischenräume der Striche, denn das Ausgleichen der Abstände zwischen den Zeichen ist wichtig, um ein ausgewogenes Schriftbild zu erlangen. Auch das regelmäßige Wechseln der Strich-Reihenfolge ist dafür notwendig. Versuche, Verdoppelungen zu vermeiden!

Mit den freien Formen bist du inzwischen vertraut geworden. Nun wollen wir dir zeigen, aus welchen Grundelementen unsere Buchstaben, die wir täglich benutzen, aufgebaut sind. Die Anzahl der Elemente ist erstaunlich überschaubar, um genau zu sein, handelt es sich um sechs Grundstriche:

Wenn du dir auf Seite 35 das Alphabet genauer ansiehst, wirst du erkennen, dass sich aus diesen sechs Elementen alle unsere Buchstaben zusammensetzen lassen. Nur wenige Abwandlungen, wie z. B. die kleine Rundung unten beim J oder der Schrägstrich beim Q, bilden eine Ausnahme.

Rundung

Diagonale

Gegenrundung

Gegendiagonale

Senkrechte

Waagerechte

li Seite:
Grundstriche der Linear-Antiqua, Ausschnitt Redisfeder, Beize 2013, 30 x 42 cm

Grundstriche der Linear-Antiqua, Ausschnitt Redisfeder, Beize 2013, 25 x 18 cm

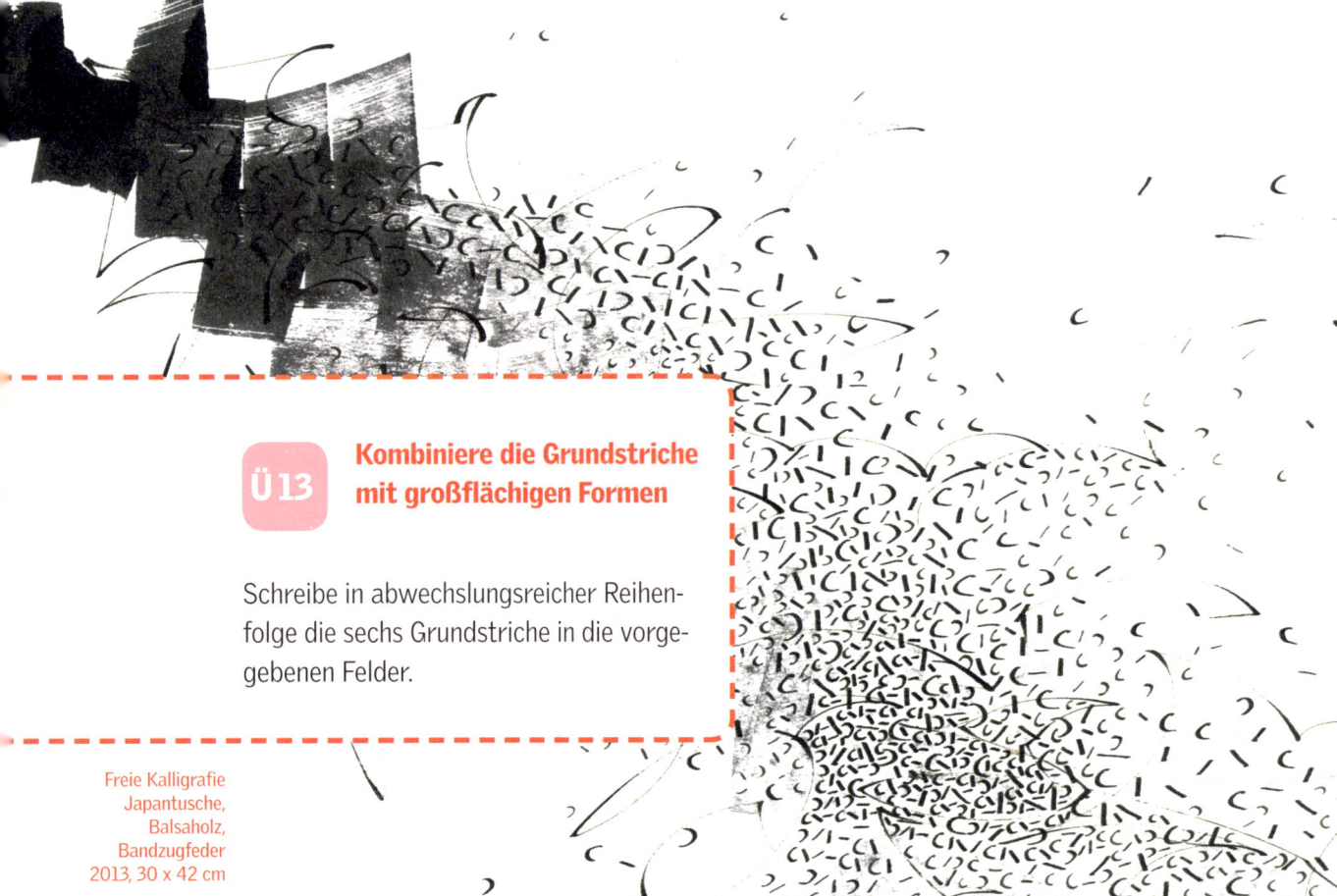

Freie Formen und Grundstriche

Wie auch schon in vorangegangenen Übungen kannst du die Strichelemente mit großen Formen und abstrakten Zeichen kombinieren. Mit den beiliegenden Schablonen kannst du auf deinen Blättern Plätze suchen, wo du glaubst, dass Felder mit Strichelementen gut hinpassen. Dabei kannst du über die großen Formen drüber schreiben oder sie bewusst frei lassen.

Spannend sieht es aus, wenn du nur zwischen die abstrakten Zeichen schreibst. Denn die kleinen geometrischen Strichelemente bilden einen guten Kontrast zu den großen abstrakten Formen. Schreibe die Grundstriche selbst immer von oben nach unten und von links nach rechts. Dies ist die natürlichste Abfolge und ergibt sich aus der Lese- und Schreibrichtung.

Ü 13

Kombiniere die Grundstriche mit großflächigen Formen

Schreibe in abwechslungsreicher Reihenfolge die sechs Grundstriche in die vorgegebenen Felder.

Freie Kalligrafie
Japantusche,
Balsaholz,
Bandzugfeder
2013, 30 x 42 cm

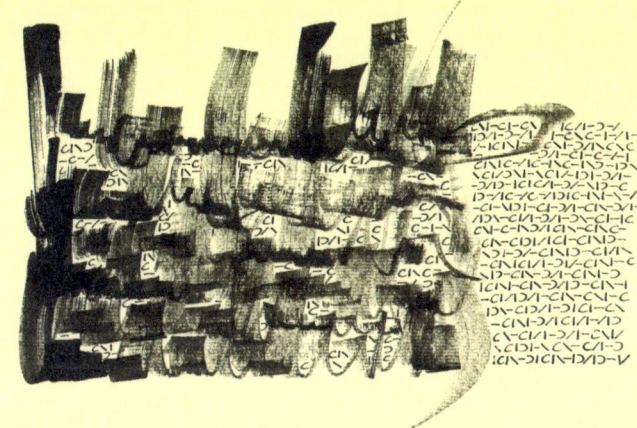

Freie Kalligrafie
Balsaholz, Fineliner,
Japan-Tusche
2012, 35 x 50 cm

Viele Kinder neigen dazu, sich beim Schreiben zu verkrampfen. Versuch deinen Stift oder die Feder möglichst locker zu halten. Du musst nicht schreiben wie gedruckt!

Besonders wenn du mit Feder und Tinte schreibst, ist der Strich nie gleichmäßig deckend, sondern lebt von kleinen Unregelmäßigkeiten, die dadurch entstehen, dass der Druck auf die Feder beim Schreiben variiert. Um flüssig schreiben zu können, gewöhne dir das Befüllen der Feder mit einem Spitzpinsel an: Nimm dazu die Schreibfeder in die eine und den Pinsel in die andere Hand. Fülle von oben regelmäßig einen Tropfen Farbe auf die Feder, so vermeidest du Kleckse und Schmierereien am Federhalter.

Freie Kalligrafie
Beize, Balsaholz,
Fineliner
2012, 35 x 50 cm

Linear-Antiqua

Druckschrift, Groteskschrift, Gleichstrich-Antiqua, **Blockschrift**

Wie du hier oben siehst, hat die Linear-Antiqua im alltäglichen Sprachgebrauch viele Bezeichnungen. Du erkennst diese Schrift daran, dass ihre Buchstaben keine oder nur unwesentliche Strichstärkenunterschiede aufweisen. Wie du bereits bei den Werkzeugen gelernt hast, gibt es die Wechselstrichlinie und die Gleichstrichlinie (siehe Seite 14). Die Linear-Antiqua besteht aus einer Gleichstrichlinie und wird deshalb am besten mit einem Schreibwerkzeug geschrieben, das die Strichstärke auch bei Druck nicht stark verändert, z. B. Bleistift, Filzstift oder Redisfeder.

Den Ursprung der Antiqua-Schrift finden wir in einer Inschrift in Italien. Auf dem Trajansforum im Zentrum von Rom steht die Trajanssäule, welche 113 n. Chr. zur Erinnerung an einen Sieg des römischen

Kaisers Trajanus erbaut wurde. Auf dieser Säule befinden sich in Stein gemeißelte Buchstaben. Die Schrift wird *Capitalis Monumentalis* genannt und gilt als das schönste Beispiel römischer Schriftkunst (siehe rechts oben). Sie wird bis heute als Vorlage für viele unserer Alphabete verwendet.

Die besondere Klarheit ergibt sich durch die ausgewogenen Proportionen, also das Verhältnis von Höhe zur Breite der Buchstaben. Wenn du zum Beispiel die einzelnen Zeichen in ein Quadrat setzt (rechte Seite), lässt sich jeder Buchstabe entweder an der Gesamtbreite, an drei Viertel oder der Hälfte des Quadrates ausrichten. Diese Buchstabenbreiten ergeben im Wort- und Textzusammenhang ein harmonisches Gesamtbild.

 Ü14 Schreibe die Antiqua-Buchstaben

Zeichne die Buchstaben nach und setze selber das Alphabet in die leeren Kästen ein. Achte dabei auf die Proportionen!

 Ü15 Schreibe einen Satz in Antiqua-Buchstaben

Schreibe mit dem Bleistift, Filzstift oder einer Redisfeder (2 mm): THE QUICK BROWN FOX JUMPS OVER THE LAZY DOG

Ü2

Schreibe folgenden Satz mit deiner Schreibschrift:

the quick brown fox jumps over the lazy dog

Ü3

Bitte deine Eltern, Großeltern, Freunde …
mit ihrer gelernten Schreib-
schrift den Satz zu schreiben.

Bleistift, Filzstift, Fineliner, Füllfeder, Calligraphy-Pen

Ü 4

Schreibe einen Text – ohne Buchstaben

Schreibe zuerst große Rundungen und Schlaufen. Werde dann immer kleiner und enger, bis du eine Art Gitterstruktur erhältst. Ziehe keine Linien, sondern versuche ganz dicht in die vorherige Zeile hineinzuschreiben.

Verwende für weitere Übungen auf losen Blättern (A4, A3 oder größer) die beiliegende Schablone und zeichne die Felder aufs Papier, in die du mit einem Bleistift dir hineinschreibst.

Bleistift, Zimmermannsbleistift, Filzstift, Fineliner, Füllfeder, Calligraphy-Pen

Kalligrafie- und Schreibübungen

Ü5

**Schreibe Formen
abstrakte kleine Felder
in mehrere Felder**

Schreibe bewusst unterschiedliche
Formen mit verschiedenen Werkzeugen.
Verwende für weitere Übungen auf
losen Blättern (A4, A3 oder größer)
die beiliegende Schablone.

Ü6

Schreibe geometrische Formen in mehrere kleine Felder

Schreibe in unterschiedlicher Reihenfolge und Größe verschiedene geometrische Zeichen wie Kreise, Dreiecke, Quadrate und Rechtecke.

Verwende unterschiedliche Werkzeuge und Strichstärken. Die Erkennbarkeit der Zeichen steht dabei nicht im Vordergrund, achte vielmehr auf den rhythmischen Duktus im Gesamtbild!

Bleistift, Zimmermannsbleistift, Filzstift, Fineliner, Füllfeder, Calligraphy-Pen

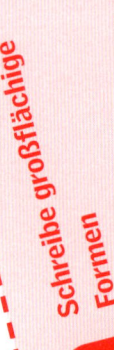

Ü7 Schreibe großflächige Formen

Nimm ein breites Werkzeug, z. B. Balsaholz oder Pappstreifen (3 bis 5 cm breit),
und schreibe mit spontanen Bewegungen
und Formen. Vermeide
abstrakte Zeichen und schreibe diesmal nicht
Buchstaben, sondern achte auf eine
eng aneinander, sondern achte es
spannende Blattaufteilung. Versuche es
auch mit geschlossenen Augen!

Balsaholz, Pappstreifen

Ü8 Stupfe und ziehe freie Formen

Nimm ein breites Werkzeug, Balsaholz oder Pappstreifen (3 bis 5 cm breit), halte es fast senkrecht und stupfe mit der schmalen Seite auf das Papier.

Ü9 Schreibe in die vorgegebenen Felder deine
rhythmischen Zeichen

Bleistift, Zimmermannsbleistift, Filzstift, Fineliner, Calligraphy-Pen

Kalligrafie- und Schreibübungen

Ü10 Rhythmische Schwünge

Du brauchst dafür einen Fineliner oder Filzstift und eine Musik, die dir gefällt. Nach dem Rhythmus der Töne kannst du den Stift über das Papier schwingen lassen!

1. Schreibe zuerst freie Schwünge, so wie hier gezeigt. Die Punkte ergeben sich automatisch durch das Innehalten zwischen den Schwüngen.

Bleistift, Filzstift, Fineliner

Kalligrafie- und Schreibübungen

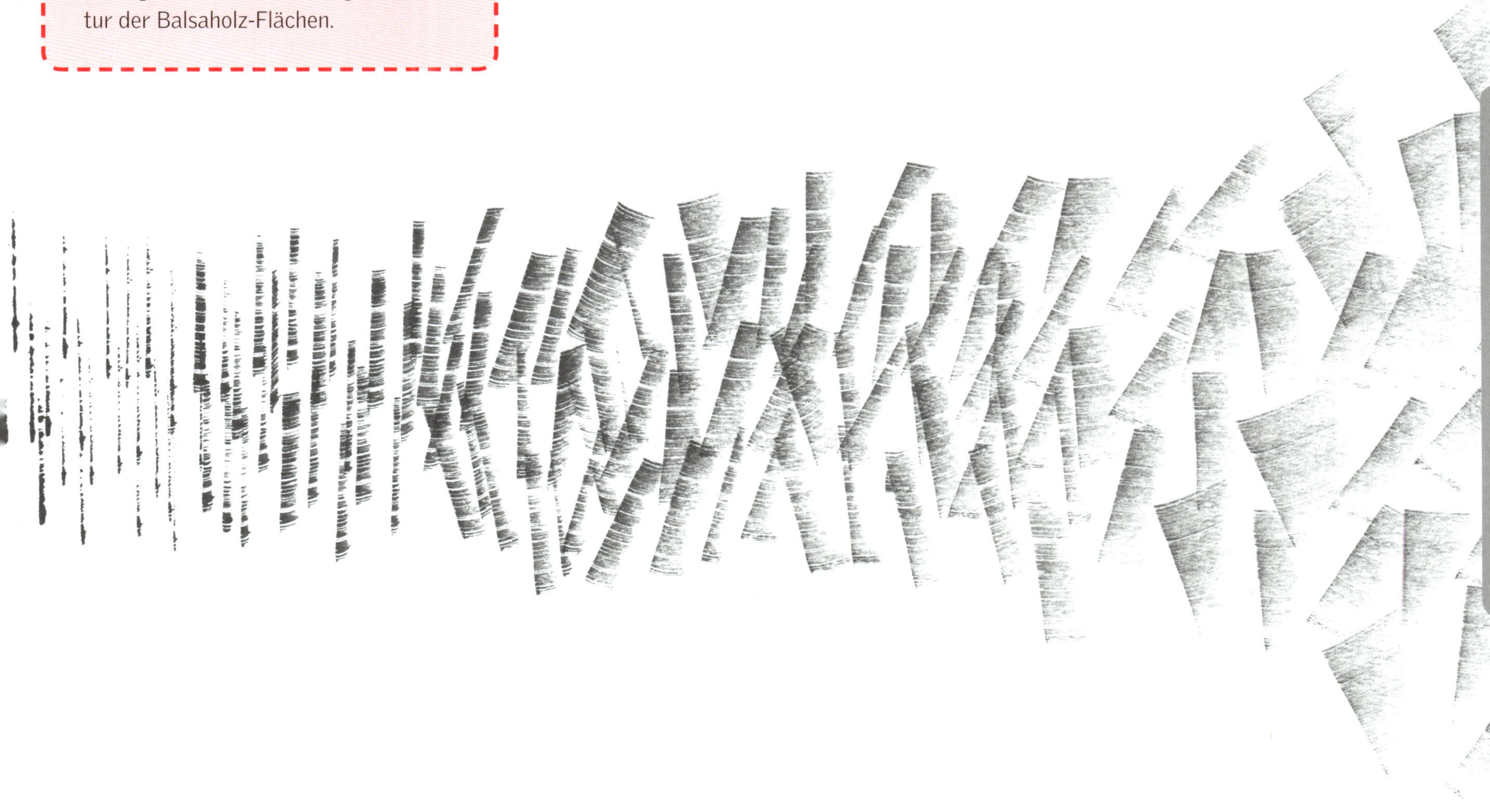

Zimmermannsbleistift, Calligraphy-Pen, Bandzugfeder (2 mm)

Ü11

Rhythmische Schwünge kombiniert mit Buchstaben

Nimm nun einen Stift mit breiter Spitze und kombiniere die freien Schwünge mit verschiedenen Buchstaben.

Für den Anfang eignen sich besonders die Buchstaben g, m, n, o. Du kannst auch später ganze Buchstabengruppen oder Wörter schreiben. Spiele dabei mit den Zwischenräumen und lass die Buchstaben auf dem Papier tanzen!

Zimmermannsbleistift, Calligraphy-Pen, Bandzugfeder (2 mm)

Kalligrafie- und Schreibübungen

Ü12

Schreibe die Grundstriche mit dem Filzstift oder einer Redisfeder (2 mm)

Bleistift, Filzstift, Redisfeder (2 mm)

Kalligrafie- und Schreibübungen

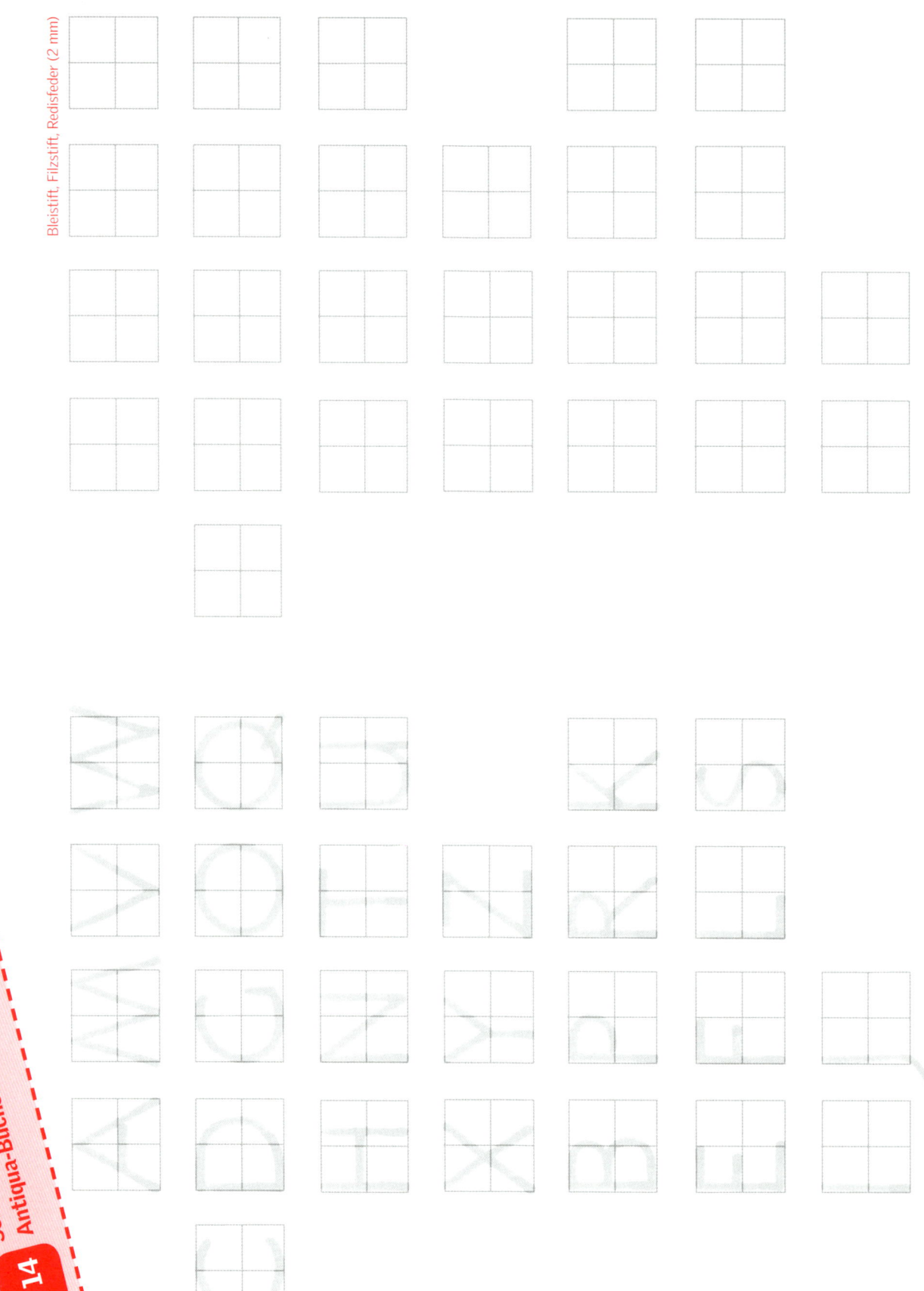

Bleistift, Filzstift, Redisfeder (2 mm)

Ü 16

Schreibe die Grundstriche
der Humanistischen Kursive

The quick brown fox

jumps over the lazy dog

mmmmmmmmmmmm

Zimmermannsbleistift, Calligraphy-Pen, Bandzugfeder (2 mm)

21

Ü18 Schreibe die Majuskeln (Großbuchstaben)

Schreibe die Majuskeln mit einem Calligraphy-Pen, Zimmermannsbleistift, einer Rohrfeder oder Bandzugfeder (2 mm) und Tinte.

Lass die einzelnen Buchstaben wie bunte Schmetterlinge über das Papier fliegen!

MPCAESARIDIVINERVAEFNERVA

TRAIANOAVGGERMDACICOPONT

MAXIMOTRIBPOTXVIIIMPVICOSVI

DDECLARANDVMOVANTAEALTITVDIN

ONSETLOCVSTAN...IBVSSITEGESTV

Text auf der Trajanssäule in Rom, 113 n. Chr.
Da die oberste Zeile ungefähr zwei Meter über Augenhöhe steht,
wird die Buchstabenhöhe von oben nach unten immer kleiner.

Linear-Antiqua,
Redisfeder, Beize
2013, 30 x 21 cm

Humanistische Kursive

Federstärke
bezeichnet die
Breite einer Feder.
In Federstärken wird
die Buchstabenhöhe
angegeben).

Tipp:
Zum Üben von Textzeilen zeichne dir ein **Linienblatt**,
das du immer wieder verwenden kannst!
Richte dich mit der Zeilenhöhe nach den
empfohlenen Federstärken.

Federstärken

5

6

4

nununununununununun

Diese wunderschöne Schrift kommt aus
den Schreibstuben Italiens, wo sie im
15. Jahrhundert entwickelt wurde und
sich rasch über weite Teile Europas
ausbreitete.

Wir haben diese mittelalterliche Schrift
gewählt, weil sie mit unserer Schreibschrift eng verwandt ist und sich daher
gut erlernen lässt. Das Wort *kursiv*
kommt aus dem Lateinischen (currere =
laufen, rennen) und besagt, dass die
Schrift, wie die Schreibschrift, leicht
schräglaufend geschrieben wird. Je
genauer du dir die Schrift aber ansiehst,
desto mehr wirst du erkennen, dass es
erhebliche Unterschiede zu unseren
Schriftzeichen gibt. Schauen wir uns
zunächst die Kleinbuchstaben an.

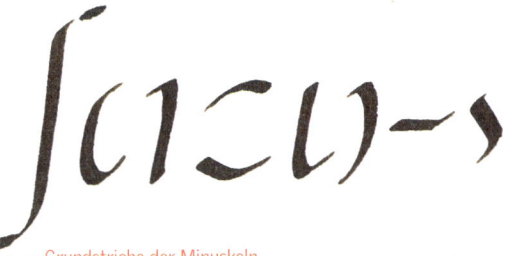

Grundstriche der Minuskeln

Die Minuskeln

Die Gesamtschrifthöhe der Minuskeln
wird aus der Mittelhöhe, der **n-Höhe**
mit ca. 6, der Oberlänge mit 5 und der
Unterlänge mit 4 Federstärken gebildet.
Der Neigungswinkel der Buchstaben sollte
ca. 7° und der Federwinkel 30° betragen.
Das Ein- und Ausschwingen der Grundstriche kannst du gut an der Buchstaben-
kombination *nu* üben. Auch das Wort
minimum ist ein geeignetes Übungswort.
Achte neben dem Ein- und Ausschwingen
auf die Druckverstärkungen am Anfang
und Ende eines Striches. Diese kleinen
Details sind anfangs etwas schwierig,
aber wichtig für die Charakteristik
dieser Schrift. Je öfter du sie schreibst,
desto selbstverständlicher werden die
Bewegungen.

Die Breitenproportionen vieler Minuskel-
Buchstaben (a, d, g, n, p, u ...) sind gleich
und sollten mit derselben Breite geschrieben werden. Eine Ausnahme bilden die
Buchstaben f, i, j, l, m, r, t und w.

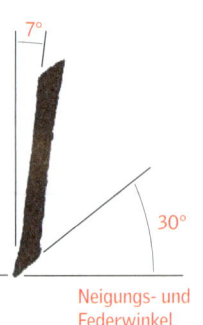

7°

30°

Neigungs- und
Federwinkel

◄ mehr Druck

◄ weniger Druck

◄ mehr Druck

Einschreibblatt
Bandzugfeder,
Balsaholz, Nussbeize
2012, 30 x 42 cm

nununununununun

Grundstrich-Muster
Ausschnitte
Beize, Bandzugfeder
2013, je 30 x 21 cm

*the quick brown fox
jumps over the lazy dog*

Ü 16 — Schreibe die Grundstriche der Humanistischen Kursive

Schreibe mit dem Calligraphy-Pen oder einer Bandzugfeder (2 mm) die Grundstriche in das Raster (s. linke Seite). Auch verschiedene Muster, wie oben zu sehen, sind mit diesen Grundelementen möglich!

Ü 17 — Schreibe die Minuskeln der Humanistischen Kursive

1. Schreibe abwechselnd die Buchstaben *n* und *u*, sodass ein gleichmäßiges Schriftbild entsteht.

2. Schreibe den Satz: *the quick brown fox jumps over the lazy dog*

35

Die Majuskeln

Allgemein nennt man Großbuchstaben auch Majuskeln oder Versalien. Die Großbuchstaben der Humanistischen Kursive haben ihren Ursprung in der Antiqua-Schrift, die wir schon kennengelernt haben. Ihre Proportionen sind im Vergleich zu den Minuskeln viel quadratischer. Die Höhe der Buchstaben beträgt 8 Federstärken, also nur 2 mehr als die n-Höhe der Minuskeln.

Die Buchstaben B, D, E, F, H, K, L, P, R und T bestehen alle aus demselben Grundstrich (siehe rechts), der ihnen einen sicheren Stand gibt. Wenn du diesen Grundstrich übst, hilft dir das bei vielen Buchstaben.

Wenn du durchscheinendes Papier hast, lege die einzelnen Buchstaben mit dem Grundstrich in der Mitte übereinander. So kannst du gut erkennen, wie die übrigen Elemente der Buchstaben an den Grundstrich angehängt sind.

Auch die Rundungen von C, G, O und Q weisen eine Verwandtschaft auf. Am besten übst du alle Buchstaben wie in Ü 18 beschrieben.

Für das Gesamtbild der Humanistischen Kursive ist neben den Formen der Buchstaben auch der schon angesprochene Rhythmus von großer Bedeutung.

A B C D E F G H I J

K L M N O P Q R

S T U V W X Y Z

Ü 18

Schreibe die Majuskeln (Großbuchstaben)

Schreibe die Majuskeln mit einem Zimmermannsbleistift, Calligraphy-Pen, einer Rohrfeder oder Bandzugfeder (2 mm) und Tinte.

Lass die einzelnen Buchstaben wie bunte Schmetterlinge über das Papier fliegen!

Textausschnitt
Automatic-Pen,
Redisfeder, Beize
2013, 30 x 42 cm

Humanistische Kursive
Buchstaben mit
demselben Grundstrich
Rohrfeder, Beize
2013, 30 x 42 cm

Die Handschrift

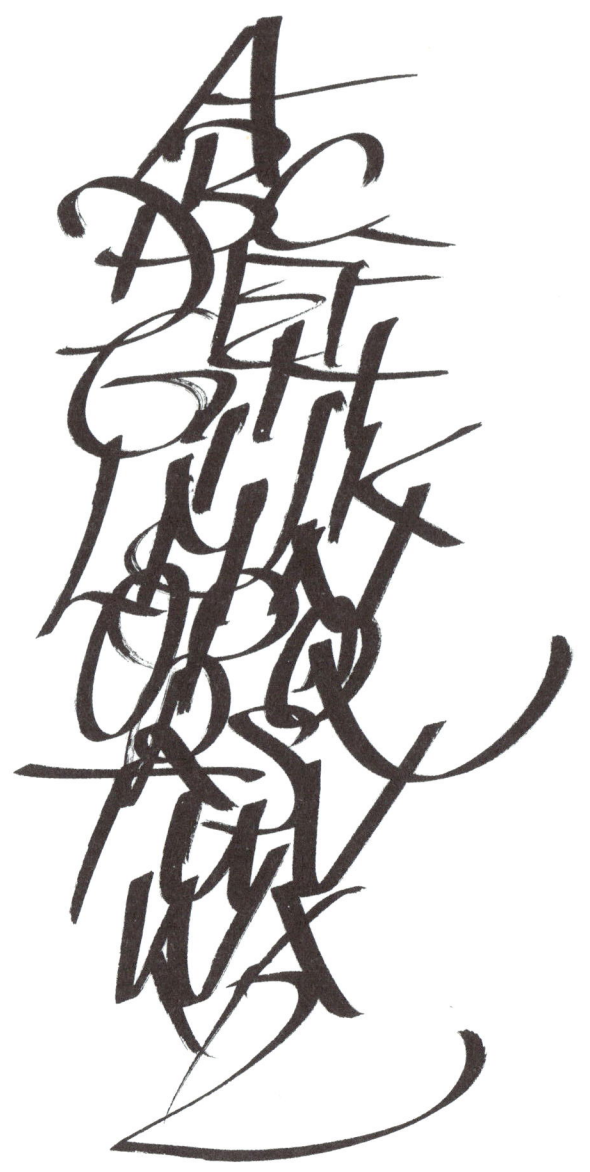

Warum ist das Schreiben mit der Hand so wichtig?

Wir wissen ja nun, nachdem wir fast am Ende des Buches angekommen sind, wie viel Freude es machen kann, mit unterschiedlichen Werkzeugen und kreativen Ideen zu schreiben.

Aber viele Kinder verbringen immer mehr Zeit vor dem Fernseher oder Computer und schreiben Texte mit der Tastatur.

li: Alphabet
Calligraphy-Pen
2012, 50 x 35 cm

Alphabet
Automatic-Pen,
Deckweiß
2013, 40 x 25 cm

Freie Kalligrafie
Japan-Tusche, Pinsel
2012, 21 x 30 cm

Wenn sie zu früh aufhören, mit der Hand zu schreiben, kann es passieren, dass die gelernte Schrift nicht genügend verinnerlicht wird und sie später beim Schreiben Probleme bekommen. Ist die Schrift nicht ausgereift, kann sie nach einer längeren Pause abgehackt und holprig aussehen. Durch regelmäßiges Schreiben mit der Hand kannst du das vermeiden.

Außerdem fördert das Mitgehen der Finger beim Bilden von Buchstaben Denkprozesse im Gehirn. Weil der für Sprache zuständige Gehirnteil mit der Motorik, also der Bewegung, zusammenarbeitet, kannst du dir handgeschriebene Notizen viel besser merken. Das ist dir beim Lernen für die Schule sicher schon aufgefallen, oder? Noch dazu ist ein handgeschriebener Brief oder eine Karte viel persönlicher und lässt mehr Emotionen erkennen als zum Beispiel diese getippten Zeilen.

Wir finden es wichtig, dass die Handschrift als Kulturgut erhalten bleibt, und freuen uns, wenn wir dir mit diesem Buch ein paar neue Anregungen geben können. Auf den folgenden zwei Seiten kannst du zusammen mit deinen Eltern oder LehrerInnen die professionelle Meinung eines weltweit bekannten Kalligrafen zu diesem Thema lesen.

Freie Kalligrafie
Automatic-Pen,
Beize
2012, 30 x 21 cm

Ü 19 **Schreibe das Alphabet oder einen kurzen Text in deiner Handschrift**

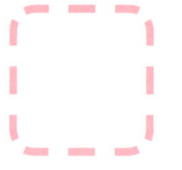

Die Handschrift, ein kostbares Kulturgut

Gottfried Pott

Die Fertigkeit des Schreibens mit der Hand – die Handschrift – ist in Gefahr. Tendenzen der Bildungspolitik, gestützt von durchsichtigen Interessen der digitalen Industrie, Unwissenheit, Desinteresse, Technikbesessenheit und die Ahnungslosigkeit der kulturellen Bedeutung des Schreibens zielen in diese Richtung. Die Einen fordern den Computer bereits im Kindergarten und in der Grundschule flächendeckend einzusetzen, die Anderen begründen, mit wissenschaftlicher Unterstützung, den Computer aus den angesprochenen Institutionen möglichst lange fernzuhalten. Damit das klar ist, ich kann und möchte nicht auf den Computer verzichten. Die Frage ist die, wann und in welchem Alter ist es sinnvoll, das Tastendrücken zu befürworten. Dazu ist zu sagen, nicht das Alter eines Kindes, sondern der individuelle Entwicklungsstand ist in erster Linie zu berücksichtigen. Mir geht es darum, darauf hinzuweisen, was wir aufs Spiel setzen. Anmerkung: die Zahl der Analphabeten wächst besonders in den hochentwickelten Ländern. In Deutschland wird die Zahl auf mehrere Millionen geschätzt.

Das handschriftliche Schreiben ist ein ganzheitlicher Vorgang. Verstand, Hand und Herz sind in einem Gleichklang daran beteiligt. Vom Verstand initiiert wird jeder Buchstabe mit der Hand gebildet und in eine Form gebracht. Der Bewegungsablauf lässt den Buchstaben im wahrsten Sinn des Wortes entstehen. Das Herz, die innere Verfassung, das Schreibtempo, die Emotion und der Atem beein-

flussen Rhythmus und Duktus des Buchstabens, des Wortes und der Zeile. Eigentlich sind wir hier bei dem entscheidenden Punkt angelangt. Jeder handschriftliche Buchstabe ist ein Zeugnis der Individualität der Person, ihres Charakters, Geschlechts oder Alters. Die Handschrift belegt die Authentizität des Urhebers. Mit dem Verlust der Handschrift riskieren wir eine wichtige identitätsstiftende Komponente. Von so wichtigen Aspekten wie dem Einfluss der Handschrift auf das Typedesign oder der fundamentalen Bedeutung der Handschrift für das kreative schriftkünstlerische Schreiben, der Kalligrafie, einmal abgesehen. Das von mir seit Jahrzehnten propgierte »Ausdrucksvolle Schreiben«, das dem Inhalt des Textes gerecht wird, ganz zu schweigen. Ich erinnere an die eigentliche Bedeutung des Wortes Kalligrafie. Das aus dem Griechischen abgeleitete Wort heißt ursprünglich schön, aber auch brauchbar, gut, fehlerfrei, trefflich, köstlich, tadellos oder ausgezeichnet.

Leider hat der Begriff Schönschreiben viel Unheil angerichtet. Es geht eben nicht um das Schönschreiben und schon gar nicht um das Schreiben wie gedruckt. Der gedruckte Buchstabe ist unsinnlich. Die Handschrift wird seit Jahrtausenden durch die Person, die Zeit und durch die jeweilige Kultur eines Landes geprägt. Die zur Zeit heftig geführte Diskussion zur Abschaffung der Schreibschrift in den Grundschulen, wie in Hamburg geschehen, veranlasst mich zu einer Stellungnahme.

Freie Kalligrafie
Tinte, Bandzugfeder
2012, 21 x 30 cm

Die propagierte Grundschrift, die an einer disproportionierten Grotesk ausgerichtet ist, soll ausgerechnet am Anfang als Orientierung dienen. Eine Fachtagung zu diesem Thema, an der Bauhaus Universität in Weimar, im Oktober 2011, hat gezeigt, dass nahezu alle Referenten das Erlernen einer Schreibschrift für sinnvoll halten. Über das Wie, das Wann und welche Schrift es sein sollte, wurde heftig diskutiert. Die vom Grundschulverband in Deutschland propagierte Lösung fördert nicht die Bildung einer Handschrift, sie verhindert sie geradezu. Ich betone nochmals, es geht hier nicht um Schönschreiben, es geht um Bildung, um nicht mehr und nicht weniger.

Das Vakuum beginnt also bereits in der Grundschule, wenn, wie geschehen, die Entwicklung einer persönlichen Handschrift erschwert wird, weil die Ausgangssituation dies verhindert. Die eigene Handschrift ist eine Errungenschaft ersten Ranges, dies müsste den Kulturbeauftragten wohl bewusst sein. Die Koordination der Gedankenströme mit den Bewegungen der Hand in Einklang zu bringen ist eine Bildungsleistung von höchster Bedeutung. Die Schreibspur spiegelt die Persönlichkeit in ihrer Einzigartigkeit. Ich komme noch einmal zurück zu der Auffassung der Schreibschriftkritiker. Sie behaupten, dass sich die Handschrift der Kinder sozusagen von selbst entwickelt. Meine Anmerkung ist die folgende: Wie soll das geschehen, wenn den Kindern die Orientierung fehlt? Die sogenannte Grundschrift ist schlecht in den Proportionen und das Wesentliche einer Handschrift, ihr Rhythmus,

fehlt ganz. Dieser entwickelt sich durch das Verbinden der Buchstaben, wenn Atemfrequenz und Schreibtempo aufeinander abgestimmt werden. Und jetzt sind wir wieder bei der Individualität des Schreibenden. Sie bildet sich, wie die Sprechkultur, sehr personenbezogen und sie kann sich nur an einem qualitätsvollen Vorbild orientieren und dies sollte frühestmöglich geschehen. Erzwungene, unorganische Buchstabenverbindungen aus der Imitation einer Druckschrift verhindern geradezu ein handschriftliches Schriftbild. »Je mehr unsere Hand fähig ist zu schreiben, um so sensibler sind die Zeichen« oder »Schrift und Bild, das heißt Schreiben und Bilden, sind wurzelhaft eins«, sagt Paul Klee. Dem Argument, die Kinder sollten entlastet werden, entgegne ich: In China und Japan lernen die Kinder hunderte oder gar tausende Schriftzeichen und zusätzlich die englische Sprache mit dem lateinischen Alphabet. Und wir sollten unseren Kindern das Erlernen einer Schreibschrift nicht zumuten?

Das vorliegende lobenswerte Projekt der Designerin Claudia Dzengel möchte das kreativ-erfinderische Schreiben fördern. Aus eigener Erfahrung weiß ich, dass Kinder sich mit Freude und Lust auf das Entdecken einlassen, geben wir ihnen die Chance.

Die Handschrift, ein kostbares Kulturgut

41

Schrift-
Experimente

...und noch ein paar ausgefallene Schreibwerkzeuge
zum Experimentieren –
einige davon hast du sicher zu Hause:

Cola-Pen

Ziehfeder

Ziehfeder

Strohhalm

Spitzpinsel

Zahnbürste

Blubberbeule

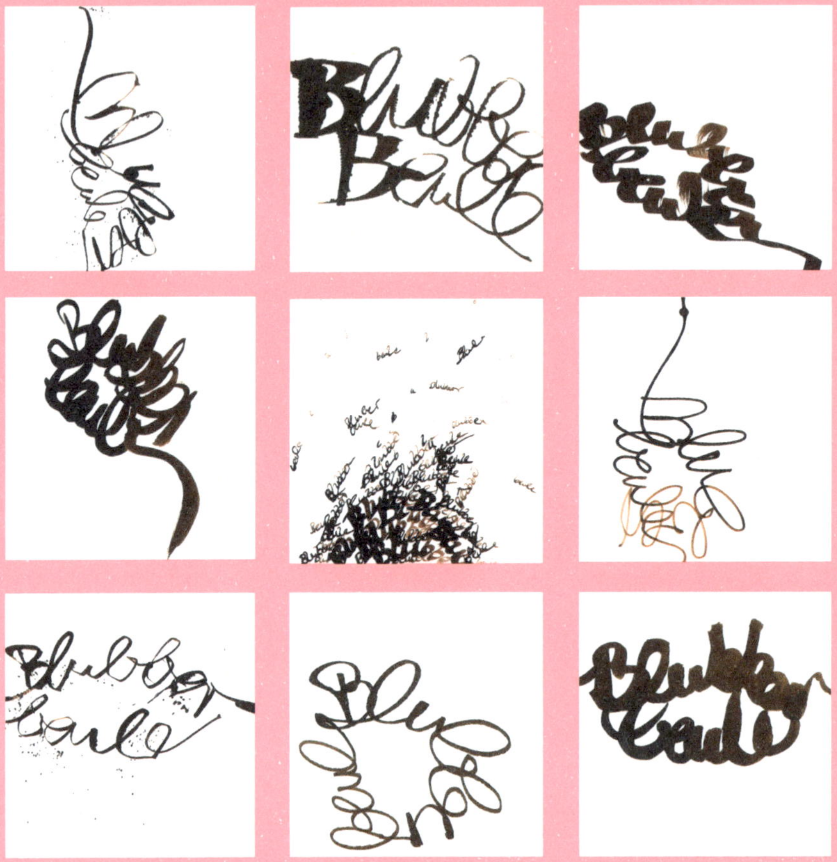

Verwendete Werkzeuge von
links oben nach rechts unten:

Ziehfeder
Cola Pen
Automatic Pen
Spitzpinsel
Rohrfeder
Spitzpinsel-Rückseite
Ziehfeder
Ziehfeder
Spitzpinsel

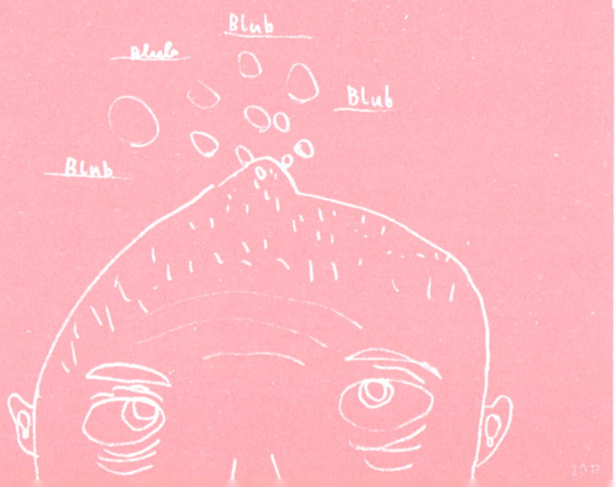

Blub
Blub
Blub
Blub
Blub

Ü 20 **Schreibe deinen Namen oder ein Wort deiner Wahl**

Nimm verschiedene Schreibwerkzeuge und schreibe damit immer dasselbe Wort, zum Beispiel deinen Namen oder ein anderes Lieblingswort.

Auf der linken Seite haben wir uns Schimpfwörter ausgedacht, z. B. das Wort *Blubberbeule*. Wir haben mit verschiedenen Werzeugen geschrieben und versucht, das Schriftbild wirklich blubberig aussehen zu lassen!

Fineliner

Rohrfeder

Automatic-Pen

Balsaholz

Zahnurste

Pinsel

Strohhalm

43

Mini-Book

Mini-Books kannst du aus unbeschriebenen oder beschriebenen Blättern herstellen. Sie eignen sich besonders, um Arbeiten zu verwerten, die du als Schriftbilder nicht mehr verwenden möchtest. In deinen Augen vielleicht misslungene Werke lassen sich so zu einem kleinen Büchlein umgestalten.

Faltanleitung für Mini-Books

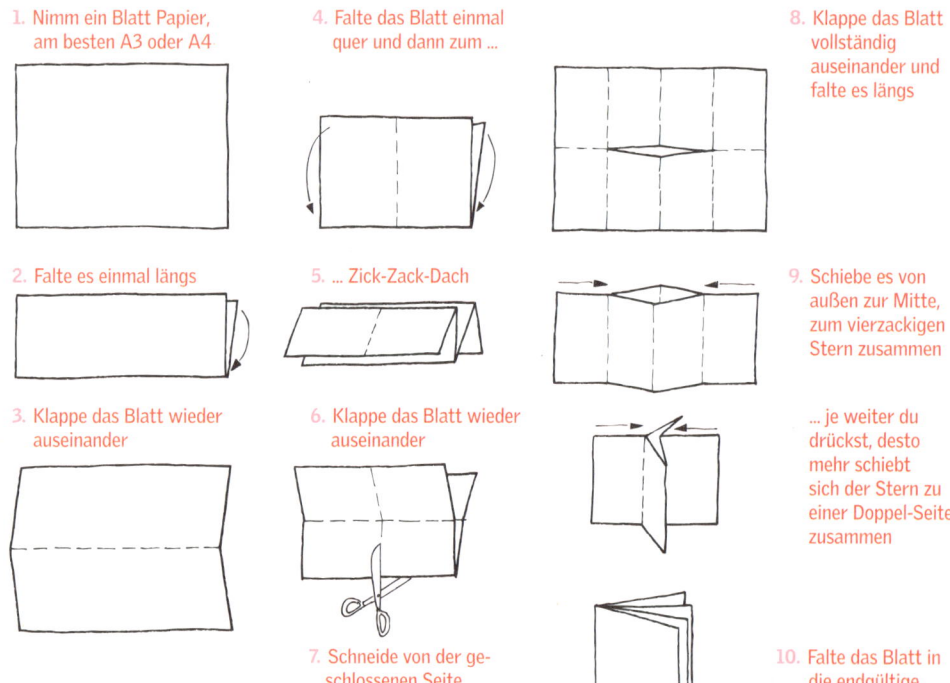

1. Nimm ein Blatt Papier, am besten A3 oder A4

2. Falte es einmal längs

3. Klappe das Blatt wieder auseinander

4. Falte das Blatt einmal quer und dann zum ...

5. ... Zick-Zack-Dach

6. Klappe das Blatt wieder auseinander

7. Schneide von der geschlossenen Seite entlang der Faltlinie bis zur Querfaltung

8. Klappe das Blatt vollständig auseinander und falte es längs

9. Schiebe es von außen zur Mitte, zum vierzackigen Stern zusammen

... je weiter du drückst, desto mehr schiebt sich der Stern zu einer Doppel-Seite zusammen

10. Falte das Blatt in die endgültige Form und damit zum Buch

Papier

Lineal

Schere

Bleistift

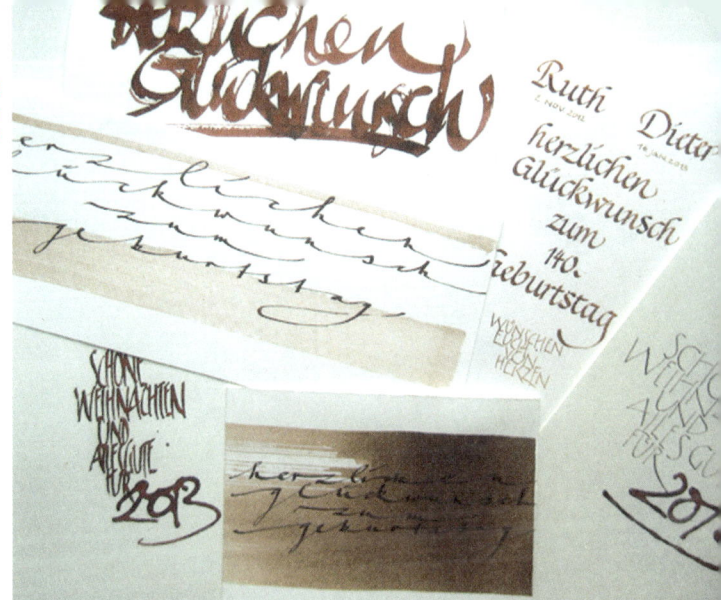

Glückwunsch- und
Grußkarten
2012

Durch die Faltung eines großen Blattes in
acht kleine Seiten können sich spannende
Kompositionen ergeben. Diese Bilder
kannst du dann weiter gestalten, indem
du zum Beispiel einen Text dazu schreibst.

Natürlich kannst du deine neu gemachten
Erfahrungen auch bei der Gestaltung von
Einladungskarten, Glückwünschen und
Weihnachtsgrüßen umsetzen. Wundere
dich nicht, wenn du Aufträge von Freunden
und Verwandten bekommst, die sich ebenfalls handgeschriebene Karten wünschen!

Mini-Book

Mini-Books
mit Text
2012

Mini-Books
und Leporellos
2012

© Rainer Berson, 2013

Claudia Dzengel

geboren 1968 in Hildesheim (D),
zwei Kinder

Farbdesign-Studium an der FH Hildesheim/
Holzminden (heute: HAWK, Hochschule
für angewandte Wissenschaft und Kunst)
Diplom bei Prof. Gottfried Pott

Während des Studiums Tätigkeit im
Museumspädagogischen Dienst des
Roemer-Pelizaeus-Museums Hildesheim,
u. a. Workshops *Schreiben wie im Mittel-
alter*, *Schreiben wie im Alten Ägypten*

Seit 1997 als selbständige Designerin
und Kalligrafin in Wien tätig, seit 2012
gibt sie Kalligrafie-Seminare und
Workshops für Erwachsene und Kinder.

info@claudia-dzengel.com
www.claudia-dzengel.com

Auszeichnungen:
**Österreichischer Kinder- und
Jugendbuchpreis 2014**, Kollektion
**Kinder- und Jugendbuchpreis der
Stadt Wien 2014**, Anerkennung

Nilpferd im G&G Verlag

www.nilpferd.at
www.ggverlag.at

ISBN 978-3-7074-1575-9

In der aktuell gültigen Rechtschreibung.
Hergestellt in Europa, Papier aus verant-
wortungsvoll bewirtschafteten Quellen.

3. Auflage 2018

Grafisches Konzept Claudia Dzengel
Kalligrafien, Fotos wenn nicht anders
angegeben, Claudia Dzengel
Illustrationen Seite 8, 15, 21, 23
Claudia Dzengel, Katja Blume/Atelier K
Grundschrift Griffith Gothic
Titel- und Überschriften Lacuna
Inhaltspapier
Munken Print Cream 120g/m^2
Gesamtherstellung
Imprint, Ljubljana

© 2013 G&G Verlagsgesellschaft mbH,
Wien

Weiterführende Literaturempfehlung:
Kalligrafie ist ein Kinderspiel
2018, Nilpferd im G&G Verlag
ISBN 978-3-7074-5214-3